切って、盛って、手みやげにもなる

すてきな
フルーツ
スタイリング

Misako Suzuki

はじめに

新鮮なフルーツの色鮮やかさ、
切ったときに漂う芳醇(ほうじゅん)な香り。
フルーツは、人を楽しい気分にしてくれる
不思議なパワーを持っています。

豪華なフルーツカッティングもいいけれど、
家族や友達と日常的にフルーツを楽しめたら……。
見るだけで癒やされ、食べて元気になれる一皿を。
そんな思いから、フルーツスタイリングは生まれました。

美しくて簡単な切り方や持ち運ぶときのコツ、
季節のイベントや記念日を盛り上げるスタイリングなど、
フルーツのさまざまなテクニックをお伝えします。
一緒にフルーツの世界を楽しみましょう！

Misako Suzuki

Contents

Chapter 1
身につけたい9つの基本テクニック

- 8 　サークルカット
- 9 　フルーツカップ
- 10 　スライスカット
- 11 　スライドカット
- 12 　ペン持ちカット
- 13 　波切り
- 14 　型抜き
- 15 　ボーラー
- 16 　Vカット

Chapter 2
基本テクニックでできる本格スタイリング

- 22 　スタイリングの基本ルール
- 24 　パイナップルリング
- 26 　ウェーブデコレーション
- 28 　フルーツフラワー
- 30 　三色フルーツカップ
- 32 　カラフルバナナボート
- 34 　ピールラップ
- 36 　ピールディッシュ
- 38 　ピールドーム
- 40 　フルーツピンチョス
- 42 　カップフルーツ
- 44 　市松りんご
- 46 　ちょうちょ
- 48 　うさぎとロールフラワー
- 50 　ダブルハンドバスケット

Chapter 3
季節やイベントを彩るスタイリング

- 56 　春夏のスタイリング①　フルーツトライアングル
- 58 　春夏のスタイリング②　フルーツのボンボンボウル
- 60 　春夏のスタイリング③　ピーチロールフラワー
- 62 　春夏のスタイリング④　グリーンイエロードリーム

64　秋冬のスタイリング①　秋の夜長のフルーツお月見
66　秋冬のスタイリング②　なしとぶどうのシンプルプレート
68　秋冬のスタイリング③　ノーブルオータムプレート
70　秋冬のスタイリング④　オレンジピールランタン
72　フルーツのクリスマスリース
74　フルーツリースいろいろ
　　　＊ベーシックスタイルのリース　＊真っ赤なベリーのリース
　　　＊フルーツフラワーのリース　＊イエローグリーンのリース
76　トロピカルサンタクロース
78　りんごの祝い膳
80　フルーツのおせち
82　バレンタインスペシャル
84　お花いっぱいひな祭りプレート
86　鯉のぼりパーティ
88　トロピカルバースデーケーキ
90　ワンダフルバースデー

Chapter 4
手みやげにぴったりなギフトアレンジ

96　カップアレンジ
97　＊ギフトアレンジの基本ルール
98　丸プレートアレンジ
100　角トレーアレンジ①
102　角トレーアレンジ②
104　トールアレンジメントラッピング
106　ブーケラッピング
108　ピクニックボックス
110　竹すだれ箱アレンジ
112　竹かごアレンジ
114　バスケットアレンジ

Chapter 5
フルーツで作る人気のレシピ

118 　見た目も味も楽しめるフルーツドリンク
　　　　＊フルーツウォーター　＊フルーツカクテル
120 　余った果肉でフルーツソース＆サラダ
　　　　＊オレンジバターソース　＊赤いドレッシングソース
122 　おもてなしにも喜ばれるフルーツスープ
　　　　＊メロンの冷たいスープ　＊完熟かきのスープ
124 　宝石箱みたいなフルーツゼリー
　　　　＊ベリーゼリー　＊かんきつ類のゼリー
126 　手みやげにもおすすめのフルーツポンチ
　　　　＊カラフルポンチ　＊ドットポンチ

Column

18 　使いやすい道具とフルーツの選び方
20 　変色防止はレモン・塩・砂糖・はちみつで
52 　葉や皮の使い方
54 　彩りを楽しむグラスアレンジ
92 　香りを楽しむワイングラスアレンジ
94 　種の大きいフルーツの切り方
116 　残ったフルーツの保存方法

Fruits Styling

Chapter 1

身につけたい9つの
基本テクニック

ちょっとした工夫で、
いつものフルーツがかわいらしく変身！
だれにでもできるカッティングの基本を
分かりやすくご紹介します。

Fruits Styling | Chapter 1

🌸 サークルカット

フルーツの皮に沿って、果肉を円形に切り出す方法。一気に果肉を切り出せるので、スピーディにむけます。

【適したフルーツ】かんきつ類、キウイ、かき、パイナップル、すいか、メロンなど

1

オレンジを厚めの輪切りにして、まな板の上に立てて置く。果肉の断面が大きなほうを手前にし、まな板と水平になるようナイフを皮と果肉の間に差し込む。

2

オレンジを回し、ナイフが時計の3時の位置にくるようにして固定する。

3

丸みを意識しながらナイフを前後に動かし、皮に沿って時計の6時の位置まで切る。**1**→**3**をくり返し、皮と果肉を切り離す。

---

memo

オレンジを回しながら一気に切るよりも、¼ずつ切るほうが初心者にはラクです。かんきつ類は白いワタが残らないよう、皮に果肉が少し残る程度に切りましょう。パイナップルは、茶色いブツブツの内側をカットします。

フルーツカップ

サークルカットができれば、皮を器にしたカップを作るのは簡単。かわいくて、しかも食べやすくなるおすすめのテクニックです。

【適したフルーツ】かんきつ類、キウイ、かきなど

1 フルーツを2等分し、端から1cm内側を切り落とす。

2 サークルカットで皮と果肉を切り離し、1で切り落とした部分を皮の内側に詰めて、カップの底にする。

3 果肉を好みの大きさにカットし、皮のカップへ盛る。

かきだと和風なイメージです。

薄皮や芯の処理

芯のあるフルーツは、芯をよけるように果肉を切り分ければOK。グレープフルーツなど薄皮が厚いフルーツのときは、薄皮を除いて果肉のみを残しましょう。

memo

Fruits Styling | Chapter 1

✤ スライスカット

果肉がやわらかくて
果汁が出やすい
フルーツを切るときは、
刺身のサクと同様に
「引き切り」にするのがコツです。

【適したフルーツ】ほとんどのフルーツ

1

フルーツの端から、切りたい幅の内側にナイフを置く。ナイフを斜め前へ滑らせるようにしながら切る。

2

ナイフの先端をまな板につけたまま、軽くスッと手前に引く。

3

力を入れず、ナイフの刃を長く滑らせるように切るとよい。

memo

**スライスカットで
バナナボート**

バナナの皮の上半分をむいてスライスカットの果肉を盛りつければ、おしゃれなバナナボートに変身〔p.32〕。

スライドカット

果肉がやわらかく崩れやすい
フルーツの皮をむく方法。
果肉にできるだけ触らずに切るので、
きれいに仕上がります。

【適したフルーツ】キウイ、もも、マンゴー、いちじく、かんきつ類、パパイヤなど

1

フルーツをくし形または輪切りにし、皮の先端をまな板につける。まな板と水平になるようにナイフを持ち、刃を皮と果肉の間にあてる。

2

フルーツを転がしながら、ナイフを横に滑らせるように動かす。

3

端まできたら、皮と果肉を切り離す。

ナイフが滑りにくいときは、前後に細かく動かしながら切りましょう。

スライドカットで
キウイプレート

くし形のキウイの皮を
スライドカットでむき、
間にいちごを置くだけ
で華やかな一皿に。

memo

Fruits Styling | Chapter 1

ペン持ちカット

ペンを握るように
ナイフを持って、
果肉を切る方法。
もみじやハートなど、
お好みの形に
カットできます。

【適したフルーツ】かき、りんご（果肉のしっかりした品種）など

1

ペンを握るように、ナイフの柄を親指と人差し指で挟んで持つ。

2

かきのもみじを作る。かきを皮つきのまま好みの厚さ（写真は7〜8mm程度）で横に輪切りにする。果肉と45度の角度になるように刃先をあて、線を描くように切る。

3

種袋8ヶ所を目安に切る。葉柄（ようへい）の部分は細めにカットし、切り終わったらまわりの果肉をはずす。

もみじを作った残りはフルーツカップに！

memo

ナイフの角度を45度に保つと上手に切れます。上げすぎて直角にならないよう注意して。

波切り

フルーツをジグザグに
切り分ける方法。
切り口を華やかに見せる
カットテクです。

【適したフルーツ】ぶどう(皮ごと食べる品種)、いちご、キウイ、いちじく、すいか、メロンなど

1

ナイフの柄をペン持ちして、果肉の中央に斜めにナイフを差し込む。

2

ナイフを中心まで入れたら抜き、1の切り込みに対してV字になるように差し込む。

3

1→2をくり返し、一周切る。最初の切り込みとつながったら、上下を離す。

いちごで作るとこんなにキュート!

memo

切るというより、ナイフを中心に押し込むように刺すのがコツ。波切り用のカッターもありますが、ナイフを使うほうがきれいです。

13

Fruits Styling | Chapter 1

 型抜き

スライスカットした果肉を
クッキー型などで抜く方法。
だれでも同じ形が作れるので、
お子さんとも気軽に楽しめます。

【適したフルーツ】りんご、いちご、かき、メロン、バナナ、キウイなど

1 りんごの直径よりも小さい抜き型を使う（写真は直径4cm）。

2 りんごを好みの厚さで、切り口が抜き型よりも大きくなるように縦にスライスする。

3 2を好みの抜き型で抜く。

果肉がかたいと、型からはずすときに欠けやすいので気をつけて。複雑な形は薄くスライスして抜くのがコツですが、バナナやキウイなど果肉がやわらかいものは、皮つきのまま抜いたほうがきれいです。

**お花の型抜き
フルーツバリエ**
バナナやキウイは種が中心になるように抜くと、よりお花らしく見えてキュートです。

memo

ボーラー

小さなアイスディッシャーのような形の道具「ボーラー」は、フルーツカッティングの必需品。果肉をきれいにくり抜けます。

【適したフルーツ】りんご、キウイ、すいか、メロンなど

1 くし形に切ったメロンの断面に、ボーラー(写真は直径2.5cm)の縁がつくようにしっかり押しあてる。

2 果肉の断面よりボーラーの底が、内側にくるように強く押し込む。

3 ボーラーを回転させて、ひねりながら果肉をくり抜く。

りんごなどのかたい果肉は、ボーラーを押し込まず、断面にあてたら回転させて半円状にくり抜きます。

カラフルフルーツのボーラーボウル

色とりどりのボールが楽しく、食べやすさもアップ。ぶどうやさくらんぼなどの丸い形のフルーツと組み合わせても。

Fruits Styling | Chapter 1

❖ V カット

果肉の左右から切り込みを入れて、
V字形に切り取る方法。
切り取った部分を模様にしたり、
飾り切りにしたりできます。

【適したフルーツ】りんご、いちご、かき、メロン、すいかなど

りんごの上下どちらかを厚めの輪切りにして、ナイフを切り取りたい深さまでまっすぐ入れる。

ナイフを1の切り込みに対して斜めに入れ、果肉をはずす。

反対側から同じ幅で斜めに切り込みを入れ、果肉をはずす。

3のカットの反対側も同様にVカットし、次はその中間をVカットする(a)。

対角線上に一周し、Vカットの間の部分をペン持ちカット〔p.12〕で三角形に切ってはずす(b)。

memo

りんごの竹飾り

りんごの輪切りを縦半分にして竹の形に。赤と青のりんごを両方使うと、おしゃれです。

17

使いやすい道具とフルーツの選び方

カッティングの道具は高価なものは必要ありませんが、いくつか条件があります。見た目を楽しむアートとしてだけでなく、おいしくいただくのがフルーツスタイリングの醍醐味。どんな道具やフルーツがよいか、参考にしてみてください。

✳ ペティナイフ

1本は揃えたい基本の道具。全体的に刃の幅が細くて、横に寝かせて押さえつけたとき、少しだけしなるものがおすすめ。かたすぎてもやわらかすぎても使いにくいので、買う前にお店で試させてもらえるとベストです。

【使い方】
幅が細いとスライドカットが簡単で、ほとんどのフルーツの切り分けはペティナイフ1本でできます。三徳包丁で代用する場合、円形や小さなもののカッティングは難しいです。

【選び方のコツ】
刃の長さは13〜15cmが使いやすい。持ち手の素材は握ってしっくりくるものなら何でもOK。味にも影響するので、シャープナーなどで研いだ切れるナイフを使ってください。

写真上はミソノ440　ペティナイフNo.832。下は富士カトラリー成平　#8000ペティナイフ。

✳ ボーラー

私が使っているのは有名なメーカー製ではなく、製菓材料店やネットショップで買える100円〜500円程度のもの(写真)。

【使い方】
メロンやすいかなどが簡単に丸くくり抜けます。りんごや野菜などかたいものは半円に抜いても。計量スプーンやストロー、丸い型抜きなどでも代用できますが、まん丸にはなりません。

【選び方のコツ】
直径1cmと1.5cm、2.5cmと3cmなど、大小セットのものが多く、私は2.5cmと3cmをよく使います。

※その他の道具

製菓用の道具もよく利用します。クッキーの抜き型やセルクル、和菓子や野菜用の抜き型など、お好みでどうぞ。

【使い方】
厚みのあるフルーツのときは、高さのある型を使って、断面にぐっと押し込むようにするとうまく抜けます。

【選び方のコツ】
型抜きは、果肉を切るというよりつぶしながら抜くので、果汁が出やすくなります。薄い金属製の型がおすすめですが、プラスチック製でも代用できます。

フルーツについて

【選び方のコツ】
高級品でなくても、旬のものならおいしくて手頃です。鮮度がよく、熟しすぎていないものを使用します。

【フルーツによる違い】

※ パイナップルなど追熟しない果物を使うなら？
輸入物のパイナップルなどは、葉や皮が生き生きして緑の濃いものが新鮮です。皮の四角いマス目の部分が、大きくはっきりしたものを選ぶとよいでしょう。

※ カッティングに不向きなフルーツはある？
基本的にありませんが、ゴールドキウイなどの熟し過ぎたものは、薄くスライスしてロールフラワーにするときなどに果肉がつぶれやすくなります。

変色防止は
レモン・塩・砂糖・はちみつで

せっかくきれいに盛りつけたフルーツが変色してしまったら、残念ですよね。
変色防止方法はフルーツにより少し異なります。

※バナナはレモンがいちばん！

バナナは触らなければあまり変色しませんが、カットしたり引っかいたりしたところはどうしても黒ずみます。レモン果汁をカット面に絞りかけておくと、変色をだいぶ抑えてくれますよ。

※りんごは味つけも含めた工夫を

りんごの変色防止の方法は、意外と種類が豊富。レモン果汁・塩・砂糖・はちみつなどが使えますが、フルーツに使用した素材の味が少しつくので、食べるときの状況に合わせて。むしろ味つけと考えて、はちみつ＋レモン味にしてもおもしろいかも。変色防止の素材は、カット直後や切り分けてすぐに使わない場合もカット面につけます。

Memo

・ほんのり塩味がきいた塩水で：400〜500mlの水に塩をひとつまみ入れる。
・甘さをかなり感じる砂糖水で：400〜500mlの水に砂糖やはちみつ約大さじ2杯入れる。
・レモンは½個分の果汁を絞り入れて：約小さじ2杯のレモン果汁を果肉にふりかける。

Fruits Styling

Chapter 2

基本テクニックでできる
本格スタイリング

基本のカットやルールを応用すれば
おしゃれなスタイリングがすぐできます！
カットや種類の異なるフルーツの
上手な盛りつけ方を覚えましょう。

Fruits Styling | Chapter 2

スタイリングの基本ルール

1 器の上にサイズが大きいもの→小さいものの順に置いていく

2 中〜小サイズのフルーツをバランスよく盛る

3 ポイントになるものをのせる

サイズが大きいものから、中央、四隅など、位置を決めて置いていきます。

器を回して角度を変えたり、真上から見たりしながら配置すると、バランスが整います。初心者のうちは、器の余白部分が均等になっているかを意識するといいでしょう。

彩りを考えて、ポイントになるものを置きます。目立つ濃い色のフルーツは、スタイリングをまとめてくれるアクセントに。すき間にミントなどのハーブを飾ると表情が出ます。

その他のポイント

配置
- ずらす、広げるなどして変化をつけるときは、ずらす幅を揃えるときれいです。
- 重ねる、差し込む、立てるなど、高低差をつけるとメリハリUP。
- 盛りすぎたときや、一皿にこんもりと盛りたいときは、一回り大きなお皿を下に重ねて、余白をプラスしてあげると見映えがよくなります。

インパクト
インパクトの強い赤・緑・黒など濃い色味のフルーツは、スタイリングの引き締め役。濃い色のものをたくさんのせるときは、1ヶ所にまとめて置くとすっきりした印象になります。

色使い
果肉、皮、葉、器、ピックなどを使って彩り豊かに！ 単色や同系色で揃えてもシックです。

赤……いちご、さくらんぼ、りんごなど
オレンジ……オレンジ、かき、マンゴーなど
黄色……グレープフルーツ、バナナ、レモンなど
緑……キウイ、マスカットなどの緑系ぶどう、青りんご、ミントの葉など
紫……ぶどう、いちじくなど
黒……ブルーベリー、ピオーネなどの黒系ぶどう、ブラックベリーなど
白……なし、りんごの果肉など

> オードブルなど大人数でシェアするときは、等間隔に整然と並べると上品なイメージに。

Fruits Styling | Chapter 2

果肉を一気にくり抜くサークルカットを使った、
パイナップルの一皿。
ハードルが高いパイナップルの皮むきも、
これなら手軽にできます。

パイナップルリング

【テクニック】サークルカット〔p.8〕
【材　料】パイナップル … 横⅓個
　　　　　ミントの葉 … 適宜
【他のフルーツで】かんきつ類、メロン、すいか、パパイヤなど

24

パイナップルの下側を好みの厚さの輪切りにする。

1の皮と果肉の間にナイフを入れ、サークルカットで果肉を円形に切る。

果肉をはずす。

芯をよけながら、果肉を一口大に切る。

2の皮を器に置き、中に4の果肉を盛りつけ、ミントの葉を飾る。

memo
果肉と果肉の間にスペースができるように重ねていくと、立体感と動きが出ます。

スタイリングアレンジ

パイナップルの葉を差し込むと華やかに！

25

Fruits Styling | Chapter 2

ウェーブ
デコレーション

スタイリングに動きや華やかさを
演出できる飾り切りです。
紅茶やワインに入れると、
おしゃれでおいしいアクセントに。

【テクニック】スライスカット〔p.10〕
【材　料】オレンジ（5mm幅のスライスを1枚作る）
　　　　　いちご（スライス）… 縦 ½個
　　　　　ぶどう（スライス）… 縦 ½個
【他のフルーツで】レモンやライムなどのかんきつ類

1

オレンジのスライスは1ヶ所切り込みを入れる。

2

切り込みの両端を持ち、前後にずらしながらひねる。

スタイリングアレンジ

二重ウェーブを並べるとフリルみたい！

memo

スライスは片側の側面を厚さ半分になるように中央まで切り込みを入れ、反対側に切り込みを入れてねじれば、二重のウェーブに！

Fruits Styling | Chapter 2

「食べられるお花」は、
お祝いやプレゼントにもぴったりです。
ひとつでも、盛り合わせにしても
かわいいおすすめテク。

フルーツフラワー

【テクニック】サークルカット〔p.8〕、
　　　　　　スライスカット〔p.10〕
【材　料】オレンジ … 3個
　　　　　いちご（ヘタつきで縦半分に切る）… 5個
　　　　　ミントの葉 … 適宜
【他のフルーツで】かんきつ類、キウイ、かき
　　　　　　　　りんご、ももなど

スタイリングアレンジ

他のフルーツと合わせて大輪の
フラワーアレンジメント風に。

1 オレンジを横半分に切り、端から1cmを切り落とす。

2 1の皮と果肉の間にナイフを入れ、サークルカットで皮に沿って果肉を切る。

3 1で切り落とした端を、皮の内側に入れてカップの底にする。

4 2ではずした果肉を半分に切る。

5 4の断面を伏せて置き、5mmのスライスにする。残りの半分も同様にする。

6 5の果肉を大きい順から5枚程度、端を重ねて花びらに見えるように置いていく。内側に残りの果肉を同様に置く。

キウイなどでも同様に作れます。

memo
スライスは8枚前後あると、重ねたときにお花らしく見えます。

【テクニック】フルーツカップ〔p.9〕、スライスカット〔p.10〕、スライドカット〔p.11〕
【材　料_カップ2個分】
　　　　オレンジ…1個
　　　　キウイ…横⅓個
　　　　いちご…2個
【他のフルーツで】グレープフルーツなどのかんきつ類、かきなど

オレンジでフルーツカップを作る。

1で切り離した果肉を芯の部分をよけて、食べやすい大きさに切る。

キウイは幅1cmのスライスを2枚作って半分に切り、スライドカットで皮をむく。

いちごはヘタつきで縦半分に切り、1のフルーツカップに2、3とともに彩りよく盛りつける。

> **memo**
> カップからはみ出すくらい、フルーツをこんもりと盛るのがおすすめ。

三色フルーツカップ

色合いの違うフルーツを
盛り合わせると、
にぎやかなイメージに。

Fruits Styling | Chapter 2

バナナの皮に、色とりどりの
フルーツを盛り合わせます。
バナナ1本で2つのボートが
できるので、コスパも抜群！

カラフルバナナボート

【テクニック】 スライスカット〔p.10〕、スライドカット〔p.11〕、ウェーブデコレーション〔p.26〕

【材　料】 バナナ（幅1cmの斜めスライスを10枚作る）… 1本
　　　　　キウイ（幅1cmのスライスを2枚作って半分に切り、皮をむく）… 横 1/3 個
　　　　　オレンジ（幅5mmのスライス3枚のうち2枚はウェーブデコレーション、
　　　　　　1枚は4等分に切る）… 3枚
　　　　　いちご（ヘタつきで縦半分に切る）… 2個
　　　　　ミントの葉 … 適宜

【適した器】 スクエア、ラウンドなどの平皿

1 バナナは茎の黒い部分を切って整え、茎の中央から皮にナイフを入れて縦1周に切り込みを入れる。切り込みに沿って、皮をきれいにむく(a)。

2 1の皮に、オレンジのウェーブデコレーションを盛る。

3 2のオレンジの両脇にキウイをのせる。

4 バナナ→いちご→バナナと交互にのせ、4等分にしたオレンジとミントの葉を飾る。バナナのスライスは均等に斜めにずらすとよい。

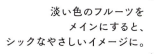

淡い色のフルーツをメインにすると、シックなやさしいイメージに。

スタイリングアレンジ

Fruits Styling | *Chapter 2*

ピールラップ

果肉を皮で包み込むように
デザートグラスに盛りつけると、
ひとりずつサーブしやすく、
大人っぽい雰囲気になります。

【テクニック】 スライスカット〔p.10〕、スライドカット〔p.11〕、波切り〔p.13〕
【材　料 _ カップ4個分】
　　　　　小玉すいか（2等分のくし形に切る）… 縦¼個
　　　　　ぶどう（波切りにする）… 緑1個
　　　　　ミントの葉 … 適宜
【適した器】 パフェグラスなど立ち上がりがあるもの
【他のフルーツで】 メロン、グレープフルーツなど

1

2

すいかは飾り用に端から2枚スライスする。残りはスライドカットで皮から果肉をはずし、一口大に切る。

1の皮に残った果肉をスライドカットでそぎ落として皮を薄くし、折れないように曲げる。

3

4

2を端が重なるように器にはめ込む。

1の果肉を盛り、飾り用のすいかをのせ、ぶどう、ミントの葉を飾る。

スタイリングアレンジ

ちょっとぜいたくにメロンでも。器に合わせて皮の厚みを調節して。

Fruits Styling | Chapter 2

ピールディッシュ

フルーツの皮を器に見立てます。
取り分けしやすいので、
おもてなしにも。メロンの皮は彩りがよく、
香りも楽しめます。

【テクニック】スライスカット〔p.10〕、スライドカット〔p.11〕
【材　料】メロン（横半分に切る）…縦¼個
　　　　　ミントの葉…適宜
【適した器】スクエア、ラウンドなどの平皿
【他のフルーツで】グレープフルーツなど

1

メロンはスライドカットで皮から果肉をはずし、皮の厚みや形を均等に整える。

2

1の皮は、飾り用に細いくし形に切る。

3

1の果肉は一口大に切る。

4

3を1の皮にのせ、飾り用の皮やミントを飾る。

スタイリングアレンジ

黒い器に盛ると、ぐっとスタイリッシュです！

ピンクグレープフルーツだとかわいいイメージに。

37

Fruits Styling | Chapter 2

ピールドーム

ピールラップの応用なので、
見た目より簡単です。
大玉のすいかに替えれば、
パーティを盛り上げる一品にも！

【テクニック】スライスカット〔p.10〕、スライドカット〔p.11〕、波切り〔p.13〕、ボーラー〔p.15〕

【材　料】小玉すいか（¼のくし形を2個作り、残りはボーラーでくり抜く）… 縦½個
　　　　　ぶどう（波切りにする）… 緑3個、紫2個
　　　　　ブルーベリー … 5個
　　　　　ミントの葉 … 適宜

【適した器】スクエア、ラウンドなどの平皿

【他のフルーツで】メロン、オレンジなど

1
くし形のすいかはスライドカットで果肉をはずし、好みの厚さにスライスする。

2
1の果肉を半分は器の手前の方に立てて並べ、もう半分は奥の方に立体的になるようにずらしながら置く。

3
2を囲むように、1の皮を端と端が重なるように置く。すいかの上に残りのフルーツをバランスよくのせて、ミントの葉を飾る。

スタイリングアレンジ

オレンジを使えば、ひとり用のコンパクトなドームに。

フルーツピンチョス

スペイン風おつまみのピンチョスから
ヒントを得ました。
同系色の組み合わせに、
型抜きや波切りで変化をつけて。

【カット】 スライスカット〔p.10〕、波切り〔p.13〕、型抜き〔p.14〕
【材　料】 キウイ（皮つきで幅1cmのスライスを6枚作る）… 1個
　　　　　 ゴールドキウイ（皮つきで幅1cmのスライスを3枚作る）… 横½個
　　　　　 ぶどう（3個を波切りにする）… 緑½房
　　　　　 ブルーベリー … 6個
　　　　　 ライム（皮つきで幅3mmのスライスを3枚作る）… 適宜
　　　　　 ミントの葉 … 適宜
【適した器】 スクエア、ラウンドなどの平皿
【他のフルーツで】 りんご、いちごなど

【作り方】

1 キウイは花形の抜き型（写真は直径4.5cm）、ゴールドキウイは一回り小さな花形の抜き型（写真は直径3.5cm）で抜く。

2 キウイ→ゴールドキウイ→ぶどう→ブルーベリーの順に重ね、中心を竹串で刺す。同様にして、3個作る。

3 ライム→キウイ→ぶどう→ブルーベリーの順に重ね、中心を竹串で刺す。同様にして、3個作る。

4 2、3を交互に円になるように器に盛り、ミントの葉を飾る。中央のスペースに残りのぶどうをのせる。

スタイリングアレンジ

りんごをうさぎの形に抜き、いちごと合わせてキュートなピンチョスに♪

memo

ようじの先にシールやマスキングテープを貼って、旗のように飾っても。ピンチョス専用のようじや、和風の鉄砲串などを使うのもすてきです。

Fruits Styling | Chapter 2

カットしてある市販品や
余ったフルーツでOK！
かわいい容器を選ぶのも
楽しみのひとつです。

カップフルーツ

スタイリング
アレンジ

小さなプラスチックカップに
入れてお弁当に。
食べやすいようにピックを刺しても。

【テクニック】スライスカット〔p.10〕、スライドカット〔p.11〕
【材　料＿カップ4個分】
オレンジ（8等分のくし形に切る）…1個
いちご（2個はヘタつきのまま縦半分に切る）…10個
キウイ（幅1cmのスライスを2枚作って半分に切り、皮をむく）…⅔個
ミントの葉…適宜
【適した器】小さめのカップ（紙やプラスチックなら持ち運びに便利）
【他のフルーツで】なんでも

1

くし形のオレンジは、スライドカットで皮と果肉の間に約⅔まで切り込みを入れる。さらにスライドカットでワタの部分をそぎ、皮を薄くして曲げやすくする。

2

皮の先端から1cm下に、斜めに2ヶ所切り込みを入れる。切り込みの数だけ羽飾りを増やせる。

3

皮の先端を内側に丸め込む。

4

器にヘタを取ったいちご2個を先に入れて、**3**のオレンジ、ヘタつきのいちごをのせ、キウイとミントの葉を飾る。

memo
先に大きいものやかたいものを入れ、次に飾りになるもの、最後にすき間を埋めるように小さなものや葉などをのせるときれいに重ねられます。

Fruits Styling | Chapter 2

市松りんご

お正月など和風の
スタイリングにぴったり。
繊細な見た目ですが、
とても簡単に作れます。

【テクニック】スライスカット〔p.10〕
【材　料】りんご…縦½個
【適した器】スクエア、ラウンドなどの平皿

りんごは断面を下にして幅8mmのスライスを3枚作り、重ねたまま芯を切り落とす(a)。

重ねたまま、1に皮から1mmの深さで8mm間隔で切り目を入れる。

切り目の入った皮をひと目おきにむく。

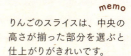

memo
りんごのスライスは、中央の高さが揃った部分を選ぶと仕上がりがきれいです。

1枚は皮をむく部分が他と互い違いになるようにむき、3枚を合わせる。

スタイリングアレンジ

和のモチーフを
黒い平皿にのせると
モダンに。

Fruits Styling | Chapter 2

基本カットに
ちょうちょの飾り切りを
添えるだけで、
花畑みたいにロマンティックな
雰囲気になります。

ちょうちょ

【テクニック】 スライスカット〔p.10〕、ペン持ちカット〔p.12〕、波切り〔p.13〕
【材　料】 りんご（皮つきで、幅3〜5mmのスライスを11枚作る）… 縦½個
　　　　　 いちご（2個をヘタを取って波切りにする）… 12個
　　　　　 ぶどう（波切りにする）… 緑1個
　　　　　 ミントの葉 … 適宜
【適した器】 スクエア、ラウンドなどの平皿
【他のフルーツで】 なし、かき（果肉のしっかりした品種）など

1

りんごのスライス2枚は重ねて、皮が奥になるよう横向きに置く。皮の中心から1cm右、深さ2mmのところにナイフをペン持ちして入れ、横2〜3cm幅に切って触角を作る。

2

切り始めの位置に戻って弧を描きながら下へと切り、上羽の上ラインを作る。

3

中心から弧を描くように**2**の切り終わりに合わせて切り、上羽の下ラインを作る。裏返して反対側も同様にし、芯を取る。

4

切り終わると写真のような形になる。器に残りのフルーツをバランスよく盛り、りんごのちょうちょを皮同士がつくように2枚合わせてのせる。

a

memo
スライスを2枚重ねて切ると、羽の形が揃ってきれいです（a）。

47

Fruits Styling | Chapter 2

一年中手に入りやすくて
リーズナブルなキウイも、
うさぎやお花のカッティングで
ワンランクアップ。

うさぎと
ロールフラワー

スタイリング
アレンジ

【カット】スライスカット〔p.10〕、スライドカット〔p.11〕
【材 料 _2皿分】
　　　　キウイ（縦半分に切る）… 1個
　　　　ぶどう（4枚にスライスする）… 緑2個
　　　　ミントの葉 … 適宜
【適した器】スクエア、ラウンドなどの平皿
【他のフルーツで】ももなど

＜うさぎ＞

1

2

キウイ½個は幅約1cmに切る。

皮と果実の間にナイフを入れ、スライドカットで皮を⅔まで切り離す。

3

4

皮の幅が半分になるように切り込みを入れる。

皮の先端を内側に丸め込む。

＜ロールフラワー＞

5

6

キウイ½個は横半分に切る。スライドカットで皮をむき、薄くスライスする。

まな板の上でずらしながら横に伸ばし、立てて端から巻く。

白い皿に盛り、赤いいちごを添えるとかわいらしい印象に。

memo

ロールフラワーは半分ほど巻いたら、巻き終わったほうを芯にして、残りの部分を手のひらでかぶせるように巻くと、きれいに仕上がります。

Fruits Styling | Chapter 2

小さなバスケットに
フルーツを盛り込んで。
持ち手はリボンで結び、
キュートに仕上げます。

ダブルハンド バスケット

【テクニック】スライスカット〔p.10〕、サークルカット〔p.8〕、ペン持ちカット〔p.12〕、
　　　　　　波切り〔p.13〕、型抜き〔p.14〕

【材　料 _ バスケット2個分】
　　　オレンジ … 1個
　　　りんご（幅5mmのスライスを直径2.5cmのデイジー形に抜く）… 2枚
　　　ぶどう（波切りにする）… 緑1個
　　　ミントの葉 … 適宜

【適した器】平皿など

【他のフルーツで】オレンジ、グレープフルーツなど丸い形のかんきつ類

1

オレンジはサークルカットで皮と果肉を切り離す。さらにサークルカットでワタを削り、皮の厚みを調節する。

2

ナイフをペン持ちして、1の大きい断面の端から6〜7mm内側に写真のように2ヶ所切り込みを入れ、バスケットの持ち手を作る(a)。

a

3

1で切り落とした部分を入れて底を作る。2の持ち手部分を引き上げ、リボンで結び合わせる。

4

1の果肉の半分は一口大に切り、残りで飾り用に3〜4等分にスライスする。3にオレンジ、りんご、ぶどう、ミントの葉を盛る。

スタイリングアレンジ

リボンを紙ひもに、りんごを桜形に変えるとぐっと和風に。

51

葉や皮の使い方

ふだんフルーツの皮や葉はどうしていますか？ ただ捨ててしまうのはもったいない！
皮からは強くいい香りがしますし、葉はスタイリングの飾りつけに活用できます。
ぜひ試してみてください。

✻ ピールフラワー

フルーツに添える以外に、ガラスの器などに入れて玄関やトイレに置くのもおすすめ(a)。かんきつ類は2日間ほど香るので、かわいらしい天然の芳香剤として使えます。

【作り方】

皮をつなげてむき、くるくると巻くだけ。きつめに巻くと形が整います。キウイでも同様に作れます(b)。

※ パイナップルの葉の飾り

スタイリングでは、ミントやタイム、ローズマリーなどのハーブ以外に、パイナップルの葉もよく使います。少し入れただけで華やかな雰囲気にしてくれる名脇役(写真)で、かたさもあるので支えになり、葉の前にたくさんフルーツを盛り込んでも崩れません。

【作り方】
葉をつかんで左右に揺らしながら実から抜き、茶色くなったり傷んだりしているところをペン持ち〔p.12〕したナイフで取り除き、好みの細さに切り分けます。

〔葉を入れる前〕

〔葉を入れた後〕

Column 4

彩りを楽しむグラスアレンジ

フルーツをグラスに盛りつけると、きれいなうえに果汁がこぼれません。
中身が見える特性を生かした盛りつけを楽しんで！

【盛りつけのコツ】

大きなグラスには詰め込まず、小さなグラスにはたっぷり入れましょう。細かすぎたり、薄く切ったものばかりを盛り込むと立体感が出ないので気をつけて。

【グラスの選び方】

フォークなどでいただくので、割れにくくてしっかりとしたグラスがおすすめ。脚のあるグラスや高さのあるグラスもすてきです。高価なものは避けるのが無難。

皮の模様を見せると、ボリューム感が出ます。

Fruits Styling

Chapter 3

季節やイベントを彩る スタイリング

コツが分かれば、テーマに合わせた
フルーツスタイリングも簡単！
日々の食卓に、記念日のおもてなしにと、
思いつくまま楽しんでください。

Fruits Styling | Chapter 3

Spring & Summer

春夏のスタイリング①
フルーツ
トライアングル

くし形に切った果肉を
三角形に合わせて並べれば、ベースが完成。
だれにでも簡単にできて、
おしゃれに見えるスタイリングです。

【テクニック】スライスカット〔p.10〕、スライドカット〔p.11〕
【材料】オレンジ（3等分のくし形に切り、皮をむく）… 縦½個
　　　　キウイ（幅1cmのスライスを3枚作って半分に切り、皮をむく）… 横½個
　　　　いちご（ヘタつきで縦半分に切る）… 1個
【適した器】スクエア、ラウンドなどの平皿
【他のフルーツで】春：グレープフルーツ＋さくらんぼ＋いちごなど
　　　　　　　　 夏：メロン＋ぶどう＋キウイなど
　　　　　　　　 秋：かき＋ぶどう＋いちじくなど
　　　　　　　　 冬：りんご＋いちご＋きんかんなど

オレンジは三角形になるように置く。　　キウイ、いちごを中央に盛る。

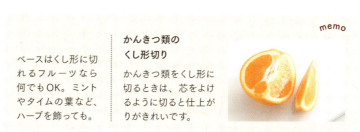

memo

ベースはくし形に切れるフルーツなら何でもOK。ミントやタイムの葉など、ハーブを飾っても。

かんきつ類の くし形切り

かんきつ類をくし形に切るときは、芯をよけるように切ると仕上がりがきれいです。

Fruits Styling | Chapter 3

春夏のスタイリング②
フルーツの
ボンボンボウル

メロンを横に波切りすると、
おいしい果汁がこぼれません。
まんまるのカッティングもかわいくて、
一石二鳥！

【テクニック】波切り〔p.13〕、ボーラー〔p.15〕

【材料】メロン（波切りで横半分に切り分けて種を取り、半分は直径3cmのボーラーでくり抜く）…1個
　　　　ぶどう（2個を波切りにする）、いちご（ヘタつきで縦半分に切る）… 各適量
　　　　ミントの葉 … 適宜

【適した器】スクエア、ラウンドなどの平皿

【他のフルーツで】春：グレープフルーツ　夏：すいか、パパイヤ　秋：洋なし
　　　　　　　　　冬：かんきつ類

【作り方】

1　メロンの器の中に、ボーラーでくり抜いたメロン、ぶどう、いちごを盛る。

Vカットで飾り切りしたふたをのせるとスタイリッシュ！

スタイリングアレンジ

パパイヤだと、ひとり分ずつ分けやすくトロピカルな雰囲気に。

memo
メロンを横半分に切ってから、Vカット〔p.16〕の要領で縁を切り取る方法でも作れます。果肉は、フルーツカップ〔p.9〕と同様に一口大に切っても食べやすいです。

Fruits Styling | Chapter 3

春夏のスタイリング③
ピーチロールフラワー

【テクニック】スライスカット〔p.10〕、スライドカット〔p.11〕、ロールフラワー〔p.48〕、
　　　　　　種の大きいフルーツの切り方〔p.94〕
【材料】もも … 1個
　　　　ミントの葉 … 適宜
【適した器】ラウンドの平皿など
【他のフルーツで】春：りんご　夏：メロン　秋：なし　冬：かんきつ類

60

ももがおいしい季節に試したい、
華やかなスタイリング。
ネクタリンなど、果肉の色が
異なる品種で作ってもきれいです。

【作り方】

1 ももは「種の大きいフルーツの切り方」を参照して前後左右に切り分け(a)、左右の大きな部分は各4等分のくし形に切る。

2 くし形2個は約⅔の深さまで皮に切り込みを入れ、内側に丸め込む(b)。6個は皮をむき、皮を飾り用に4枚取っておく。

3 ももの小さな部分2個は皮をむき、ロールフラワーを作る。部位により色味は変わる(c)。器にロールフラワーを置き、**2**の飾り用の皮をのせる。

4 **3**の横に**2**のくし形のももを放射状に並べ、上に皮を丸めたももをのせてミントの葉を飾る。

a

b

c

スタイリング
アレンジ

くし形のももを放射状に並べる
シンプルバージョンもすてき！

61

Fruits Styling | Chapter 3

春夏のスタイリング④
グリーンイエロードリーム

初夏らしいさわやかな色合いのプレート。
香りのよさもとびきりのスタイリングです。

【テクニック】スライスカット〔p.10〕、スライドカット〔p.11〕、ウェーブデコレーション〔p.26〕、フルーツフラワー〔p.28〕、ちょうちょ〔p.46〕

【材料】グレープフルーツ(フルーツフラワーを作る)…横½個
パイナップル(芯を取り、皮つきで8等分にスライスする)…縦⅛個
レモンの薄切り(ウェーブデコレーションを作る)…横2枚
グリーンキウイ、ゴールドキウイ(横6等分にスライスし、皮をむく)…各1個
メロン(細いくし形に切る)…縦1/16個
青りんご(ちょうちょを作り、残りは幅5mmにスライスする)…縦¼個
ライム(くし形に切る)…縦¼個
ミントの葉、パイナップルの葉…適宜

【適した器】ラウンドの平皿

【他のフルーツで】中央のお花：かんきつ類など　輪切り：いちご、さくらんぼなど　くし形切り：りんご、すいかなど　ちょうちょ：なし、かきなど　ウェーブデコレーション：オレンジなど

1

器の中央にグレープフルーツを置く。

2

パイナップル→レモン→キウイの順に、前後左右に置く。

3

1のうしろにメロン、青りんごのスライス、ライムを置き、パイナップルの葉を差し込む。

4

青りんごのちょうちょとミント、パイナップルの葉を飾る。

Fruits Styling | Chapter 3

Autumn & Winter

かきのもみじをアレンジした、
秋の風情漂うスタイリング。
まあるくくり抜いたなしをお団子に見立てて、
月を楽しんでみては？

秋冬のスタイリング①
秋の夜長の
フルーツお月見

【テクニック】フルーツカップ〔p.9〕、スライスカット〔p.10〕、ペン持ちカット〔p.12〕
波切り〔p.13〕、型抜き〔p.14〕、ボーラー〔p.15〕

【材料】かき（幅5mmのスライス1枚とフルーツカップを作る）… 1個（できれば種なし）
なし（幅7mmのスライスを1枚作り、残りを直径3cmのボーラーでくり抜く）
… 1/2個
ぶどう（波切りにする）… 緑、紫各適量
プルーン … 2個

【適した器】ラウンドの平皿

【他のフルーツで】かき＋ぶどう、なし＋なし、りんご＋なし、オレンジ＋りんご

【作り方】

1 かきのスライスをペン持ちカットでもみじの形にする。

2 なしのスライスをうさぎの型で2枚抜く。

3 皿にかきのフルーツカップを置き、ボーラーでくり抜いたなしをのせる。

4 1、2、ぶどう、プルーンを飾る。

memo

ベースは、フルーツカップが作れるものなら何でもOK。かんきつ類も向いています。大きなカップのときは、お月見団子の数を増やしてもいいでしょう。

かきの種をよけて
カットする方法

かきをくし形に切るときのテクニック。かきの裏に薄く見える十字の筋の下には種がありません(a)。十字の間にも種がないので、十字とその間を8分割した線(b)に沿って切ると、種にあたらずカットできます。

【テクニック】スライスカット〔p.10〕、スライドカット〔p.11〕、波切り〔p.13〕

【材料】なし（縦4等分に切って芯を取り、皮をむく。さらに4等分のくし形に切る）
　　　　…1個
　　　ぶどう（各1個ずつ幅3mmにスライスし、緑1個を波切りにする）
　　　　…緑8個、紫5個

【適した器】オーバル、ラウンド、スクエアなどの平皿

【他のフルーツで】りんご、かき、かんきつ類など

【作り方】

1　器に、なしの半量を高さをずらしながら1列に並べる。同様にもう1列も並べる。

2　2列の間に波切りとスライスしたぶどうをのせ、両端に残りのぶどうをのせる。

スタイリング
アレンジ

ラウンド皿に、風車のように並べるとポップです。

長皿の模様を生かすなら、横1列にシンプルに並べても。

おなじみのくし形切りをベースにした、
気軽なスタイリング。
飾り気がないぶん、器を変えるだけで
ガラリと印象が変わります。

秋冬のスタイリング②
なしとぶどうの
シンプルプレート

Fruits Styling | Chapter 3

皮ごと食べられるフルーツを
ふんだんに使った、
秋の果実ならではの
深い色合いを生かしたスタイリング。

秋冬のスタイリング③
ノーブル
オータムプレート

【テクニック】スライスカット〔p.10〕、波切り〔p.13〕、
　　　　　　Vカット〔p.16〕、ちょうちょ〔p.46〕
【材料】プラム(上部をVカットで飾り切りし、波切りで切り分ける)
　　　　　…1個
　　　　ぶどう(緑1個を波切りにし、1個をVカットで3枚にする)
　　　　　…緑3個、紫1個
　　　　りんご(ちょうちょを作る)…2枚
　　　　プルーン…2個
　　　　デラウェア…1房
【適した器】オーバル、ラウンド、スクエアなどの平皿、
　　　　　　縁のあるリム皿
【他のフルーツで】いちじく、なしなど

【作り方】

1 ぶどうは、緑と紫各1個を縦4等分し、互い違いに組み合わせる。

2 器にプラム、ぶどう、プルーン、デラウェアを置き、りんごのちょうちょを飾る。

ぶどうの種類とカット

ナガノパープルやシャインマスカット、甲斐路など皮ごと食べられる品種は、波切りやVカットなどの飾り切り向き。デラウェアや巨峰など皮をむいて食べる品種は、十字に切り開くといいでしょう。房のままのぶどうを一緒にサーブするとボリュームが出ます。

memo

Fruits Styling | Chapter 3

カットフルーツに、
オレンジの皮で作った
ランタンを添えて。
幻想的な光と甘い香りに包まれて、
リラックス効果抜群です。

秋冬のスタイリング④
オレンジピール ランタン

【テクニック】フルーツカップ〔p.9〕、スライドカット〔p.11〕、型抜き〔p.14〕、Ｖカット〔p.16〕
【材料】オレンジ … 1個
　　　　ティーライトキャンドル … 1個
【適した器】ラウンド皿、ワイングラスなど
【他のフルーツで】かんきつ類、かきなど

1

オレンジのヘタに直径4㎝の星型を押しあて、皮を抜き取る。

2

横半分に切り、フルーツカップの要領で果肉をくり抜く。

3

上部の皮は内側をスライドカットで薄くし、直径2㎝の星型で皮の内側から抜く。下部の皮は、縁をＶカットで飾り切りする(a)。

4

器に下部の皮を置き、ティーライトキャンドルを入れて火をつけ、上部の皮をかぶせる。

a

memo
かきで作る場合は、フルーツカップにするとき抜き型を2㎜ほど皮の外側に押し込んで溝をつけてからサークルカットすると、皮が割れづらくなります。

Fruits Styling | Chapter 3

Annual Events

フルーツの
クリスマスリース

色とりどりのフルーツを丸く並べて、
にぎやかなリースに。
カップを芯に使うことで、
きれいな円形に整います。

memo
カップを置いて配置すると、フルーツを重ねても崩れにくいのがポイント。飾りつけのフルーツは、交互やジグザグなどリズミカルに置くと、まとまった仕上がりに見えます。

【テクニック】スライスカット〔p.10〕、スライドカット〔p.11〕、波切り〔p.13〕、型抜き〔p.14〕、ウェーブデコレーション〔p.26〕

【材料】オレンジ（ウェーブデコレーションを一重、二重、三重と各1枚作る）… 横½個

キウイ（縦半分に切り、5枚ずつにスライスして皮をむく）… 1個

いちご（3個はヘタつきで縦半分、残りはヘタを取り3個を波切りに、1個を幅3㎜にスライスする）… 7個

りんご… 縦¼個

ブルーベリー … 7個

【適した器】ラウンドの平皿など

【他のフルーツで】なんでも

1

器の中央にカップを置く。上部にヘタつきで縦半分に切ったいちごを1個置き、オレンジを写真のように並べる。

2

波切りのいちご、縦半分に切ったいちごの残りを置く。オレンジの皮の間にスライスしたいちごを挟む。

3

りんごは端から幅3㎜の小さなスライスを3枚作り、残りを幅5㎜にスライスして直径4㎝の星形3枚、直径2㎝の星形3枚、直径4㎝の長靴形1枚を抜く。星形の大2枚を小の型で抜き、幅3㎜のスライスと星形の大1枚をようじで留めて流れ星の飾りを作る。

4

バランスを見て、キウイや型で抜いたりんごをのせる。3の流れ星の飾りを縦半分に切ったいちごに刺して固定し、ブルーベリーを飾ってカップをはずす。

Fruits Styling | Chapter 3

フルーツリースいろいろ

リースは、フルーツを円形に盛るだけの簡単なスタイリングです。
イベントや季節に合わせて、旬のフルーツで作ってみてください。

❈ ベーシックスタイルのリース

手に入りやすいフルーツで、
気軽に作れる一皿です。

【テクニック】
スライスカット〔p.10〕、スライドカット〔p.11〕、
型抜き〔p.14〕
【材料】
いちご(1個はヘタつきで幅5mmにスライスし、3個
　　はヘタを取って縦半分に切る)… 4個
キウイ(縦半分に切り、それぞれ横6等分にスライス
　　して皮をむく)… 2個
バナナ(幅1cmで6枚スライスし、直径2.5cmの花形
　　に抜く)… ½個
チャービル … 適宜
【適した器】スクエア・ラウンドなどの平皿
【他のフルーツで】ぶどうなど

❈ 真っ赤なベリーのリース

ネックレスみたいなかわいいリース。
ブルーベリーなどの目立つ色味で、
丸さを強調して仕上げます。

【テクニック】
スライスカット〔p.10〕、型抜き〔p.14〕
【材料】
いちご(2個は縦半分に切り、ヘタをV字に切り落と
　　してハート形にする)… 13個
ブルーベリー … 12個
ラズベリー … 17個
ブラックベリー … 7個
りんご(幅5mmにスライスして直径3cmのハート形に
　　抜く)… 5個
【適した器】スクエア・ラウンドなどの平皿
【他のフルーツで】ぶどうなど

❦ フルーツフラワーのリース

【テクニック】
スライスカット〔p.10〕、波切り〔p.13〕、型抜き〔p.14〕、ウェーブデコレーション〔p.26〕、フルーツフラワー〔p.28〕

【材料】
オレンジ（ウェーブデコレーション一重を1枚、二重を2枚作る。フルーツフラワーを3個作る。）… 2個
いちご（ヘタを取り、3個を縦半分。2個を波切りに、2個を6等分にスライスする）… 7個
ブルーベリー … 9個
りんごの薄切り（星形大で5個型抜きする。その内側を星形小で型抜きする）… 1/4個
ミントの葉 … 適宜

【適した器】スクエア・ラウンドなどの平皿
【他のフルーツで】
フルーツフラワーができるフルーツ。飾りはぶどう・なしなど

オレンジのフラワーで
ボリューム感を出した大ぶりのリース。

❦ イエローグリーンのリース

【テクニック】
スライスカット〔p.10〕、型抜き〔p.14〕

【材料】
ぶどう … 緑9個と紫6個
キウイ（縦半分に切り、それぞれ横8等分にスライスして皮をむく）… 1個
バナナ（幅1cmで9枚スライスし、直径2.5cmの花形に抜く）… 1本
レモン&ライム（幅2mmのスライスを各4枚作る）… 各縦1/4個
ブルーベリー … 12個
ミントの葉 … 適宜

【適した器】スクエア・ラウンドなどの平皿
【他のフルーツで】
ぶどう：さくらんぼ、ボーラーで抜いたメロン、スイカなど　キウイ：オレンジ、いちじくなど　レモン&ライム：オレンジなどかんきつ類、キウイなど

レモンとライムで円を作って
積み重ねると丸く仕上がります。

Fruits Styling | Chapter 3

トロピカル
サンタクロース

パイナップルリングのアレンジだから、
見た目よりも簡単です。
通年手に入るパイナップルで、
パーティを盛り上げる一皿に！

memo
パイナップルの葉で盛ったフルーツ
が外に落ちるのを防ぎます。帽子
のボンボン用に小さいボーラーが
ない場合は、5mmのスライスをスト
ローでくり抜いて代用しても。

【テクニック】スライスカット〔p.10〕、スライドカット〔p.11〕、型抜き〔p.14〕、
ボーラー〔p.15〕、パイナップルリング〔p.24〕
【材料】パイナップル(パイナップルリングの果肉は芯をよけて5枚スライスし、残りは一口
大に切る)… 横⅓個
りんご… 縦¼個
いちご(1個はヘタを取って縦半分に切り、1個は端5mmを切ってサンタに使う)
… 3個
キウイ(幅1cmに4枚スライスして半分に切り、皮をむく)… 横½個
パイナップルの葉(2枚は長さ5cmのひし形に切る。2枚は縦3等分に細く切る)
… 6〜8枚
【適した器】ラウンド、スクエアの平皿、折敷(おしき)など
【他のフルーツで】ベースをオレンジやグレープフルーツなどのフルーツカップにし
て、サンタの顔はバナナに替えても。

1

りんごは幅5mmのスライスを3枚作り、直径2cmと4cmの星形、直径4cmの長靴形、直径6cmのツリー形に抜く。残りは直径3cmのボーラーでくり抜いてサンタの顔を作り、いちごで挟んでようじで留める。キウイの種で目を作り、直径1cmのボーラーでくり抜いたりんごを帽子の上につける。

2

皿にパイナップルリングを置き、後方にパイナップルの葉をカットして〔p.53〕、5本ほどバランスよく差し込む。

3

パイナップルのスライスを扇状に広げて**2**の葉の手前に差し込み、**1**を一口大のパイナップルに刺し、キウイをのせる。残りの葉をバランスよく差し込む。

4

型で抜いたりんご、ヘタつきのいちごを飾る。写真のように前方にひし形の葉をのせ、ようじで留める。ようじの頭に、縦半分に切ったいちごを刺す。

Fruits Styling | Chapter 3

りんごの皮の赤、
果肉の白でおめでたい紅白のお膳に。
松竹梅、富士山の飾り切りは
慣れれば意外と簡単です。

りんごの祝い膳

【テクニック】スライスカット〔p.10〕、型抜き〔p.14〕、竹〔p.17〕
【材料】りんご…1個
　　　　いちご（1個はヘタつきで幅5mmに4枚スライスし、½個は幅5mmにスライスして梅形に3枚抜く）…1と縦½個
【適した器】ラウンド皿、スクエア皿、折敷など

【作り方】

1. りんごは両端を幅2cm切り落とし(a)、中央部は丸型(直径6cm)で果肉を抜き、芯をよけて一口大に切る。りんごの上部で底辺が幅4cmの台形を作り、上部に波形の切り込みを入れて皮を取り、富士山を作る(b)。

2. 1の上部を幅5mmにスライスして梅形に半分だけ抜き、松を作る(c)。1枚は皮を残して直径3cmの丸型で太陽を1枚抜き、梅形に1枚抜いて切り込みを入れ(d)、果肉を斜めにそいでねじり梅を作る(e)。

3. りんごの下部を縦半分に切り、Vカットで飾り切りして竹を作る。残りは幅3mmにスライスして扇形に広げる。

4. 器にりんごの中央部を置き、果肉を戻し入れる。3のりんごのスライスを差し込み、1の富士山、2の太陽とねじり梅と松を盛り、ヘタつきと梅形のいちごを飾る。

a

b

c

d

e

memo
りんごのカップに水引を飾ると、よりお正月らしくなります。竹はVカットで切り込みを入れることで、高級感が出ます。

Fruits Styling | Chapter 3

【テクニック】スライスカット〔p.10〕、型抜き〔p.14〕、竹〔p.17〕、
　　　　　　市松りんご〔p.44〕、ちょうちょ〔p.46〕、うさぎ〔p.48〕
【材料】いちご（1個は幅5mmにスライスして梅形に抜く）
　　　　… 9個
　　　　ブルーベリー（3個はピックで刺す）… 7個
　　　　りんご … 縦½個
　　　　キウイ（うさぎを4個作り、残りは幅5mmにスライスして梅形に抜く）
　　　　… 横½個
　　　　ぶどう … 緑、黒各⅓房
【適した器】ラウンド、スクエアの仕切り皿、重箱など
【他のフルーツで】青りんご、かき、きんかんなど

【作り方】

1. りんごは上部を厚めの輪切りにして、竹を作る。残りは幅5mmにスライスして梅形に抜き、ちょうちょ、市松りんご、松の順番で作る。松は竹の飾り切りのアレンジで、3ヶ所に切り込みを入れて幅を広くする。

2. グラスにいちごとブルーベリーを入れ、ブルーベリーのピックを差し込む。

3. 仕切り皿に、2のグラス、キウイのうさぎ、りんごの松竹、市松りんご、型抜きしたいちごとりんご、ぶどうを置き、グラスにりんごのちょうちょをのせる。

memo

りんごは、小ぶりであれば1個使って。お正月らしさを演出できる水引つきのピックは、和雑貨店やネットショップで購入できます。

フルーツのおせち

飾り切りした華やかなフルーツを
仕切り皿に盛って、
水引などの飾りを添えれば、
おせちにも負けない存在感に。

Fruits Styling | Chapter 3

バナナボートを大人っぽく
アレンジしたスタイリング。
スペインようじと黒い器の小物使いで、
シャープな印象に。

バレンタイン
スペシャル

【テクニック】スライスカット〔p.10〕、バナナボート〔p.32〕
【材料】バナナ（バナナボートを作る）… 1本
　　　　いちご（飾り用に2〜3個を残し、残りはヘタつきで縦半分に切る）… 9個
　　　　ブルーベリー … 12個
　　　　ミントの葉 … 適宜
【適した器】ラウンド、スクエアなどの平皿
【他のフルーツで】いちごとブルーベリーの代わりに、ぶどう＋キウイにしても。

【作り方】
1　皿にバナナボートを置き、バナナにいちごのヘタが下になるようにようじで留める。
2　バナナボートのまわりに、飾り用のいちご、ブルーベリー、ミントの葉を飾る。

スタイリングアレンジ

さわやかな雰囲気にしたいときは白い器に盛っても。

memo
スペインようじ（ピンチョスようじ）を使うと、とてもおしゃれな雰囲気になります。輸入雑貨店やネットショップで購入できるので、ぜひ試してみてください。

Fruits Styling | Chapter 3

お花いっぱい
ひな祭りプレート

いちごやりんごを花びらに
見立てた和風のスタイリング。
カップに盛りつけて串を刺し、
小さなゲストでも食べやすくしました。

【テクニック】スライスカット〔p.10〕、型抜き〔p.14〕
【材料】いちご … 11個
　　　　りんご(幅5mmにスライスして直径3cmの桜形に9枚抜く。1枚は皮を残して小さな花びら形にする) … 縦¼個
　　　　ブルーベリー … 5個
　　　　ミントの葉 … 適宜
【適した器】ゼリーカップ、大きめの平皿、折敷など
【他のフルーツで】いちごの代わりにさくらんぼやぶどうでも

【作り方】

1 いちご9個は縦半分に切り、ヘタをV字に切り落として花びら形にする。2個は横からジグザグに切る(a)。厚みの薄いほうを重ねて丸く並べ、花の形を作る(b)。

2 カップに花びら形のいちごを入れ、型抜きしたりんご、串に刺したりんごの花びらをバランスよく盛り、ブルーベリー、ミントの葉を飾る。

3 器にカップ、花と花びら形のいちごを置き、花の中央にブルーベリーを置く。

memo

ビーズつきのピックは、雑貨店やパッケージ専門店、ネットショップなどで購入可能。フルーツの色とビーズの色を合わせると、全体の雰囲気がまとまります。

Fruits Styling | Chapter 3

鯉のぼりパーティ

スタイリング
アレンジ

りんごの竹[p.17]のアレンジで
菖蒲を作り、鯉のぼりに添えても！

86

ゆうゆうと泳ぐユーモラスな
りんごの鯉のぼりをメインに、
子どもたちに配りやすい
フルーツカップを配置しました。

【テクニック】フルーツカップ〔p.9〕、スライスカット〔p.10〕、スライドカット〔p.11〕、
　　　　　　　型抜き〔p.14〕、Vカット〔p.16〕、パイナップルリング〔p.24〕
【材料】りんご…赤、青各縦¼個
　　　　ブルーベリー…20個程度
　　　　パイナップル(パイナップルリングを作る)…横⅓個
　　　　キウイ(フルーツカップを6個作る)…3個
　　　　いちご(ヘタつきで縦半分に切る)…6個
　　　　パイナップルの葉(太めと細めに切る)…6枚程度
【適した器】ラウンド、スクエアの平皿(和風のものでも)
【他のフルーツで】ブルーベリーの代わりにぶどうを使っても

【作り方】

1　りんごは縦半分に切って芯を切り落とし(a)、片方の端をV字に切って上部の皮をむき(b)、えらの部分と胴体の模様をVカットで入れる。青の鯉のぼりを2個、赤の鯉のぼりを1個作る。残りは幅5mmにスライスして菊形に抜く。

2　ブルーベリー2個は両端を切り落とし、3枚にスライスする。端とスライスを合わせて目を作り、鯉のぼりにのせる。薄く切るとくっつきやすい。

3　器の中央にパイナップルリングを置き、鯉のぼりと型抜きしたりんごを竹串で貫いてパイナップルに刺す。

4　キウイのフルーツカップ、いちご、ブルーベリーを置き、パイナップルの葉をカットして〔P.53〕、バランスよく差し込む。

Fruits Styling | Chapter 3

トロピカル バースデーケーキ

パイナップル&いちごをキャンドルに見立てました。
まわりに盛りつけるフルーツはお好みで変えてみて。

【テクニック】サークルカット〔p.8〕、スライスカット〔p.10〕、波切り〔p.13〕
【材料】パイナップル（1枚は幅1.5cmにスライスし、残りは果肉をくりぬく）
　　　　… 横½個分
　　　　いちご（3個はヘタを取り、3個はヘタつきで縦半分に切る。1個はヘタつきで波切りにする）… 7個
　　　　キウイ（幅1cmのスライスを4等分して皮をむく）… 横⅙個
　　　　ブルーベリー … 5個
　　　　ミントの葉 … 適宜
【適した器】ラウンド、スクエアなどの平皿
【他のフルーツで】キャンドル部分はパイナップルをりんごやなしに、いちごをりんごにしても。ケーキ部分のパイナップルはすいかやメロンでもOK。

【作り方】

1　パイナップルは幅1.5cmのスライス1枚を横半分に切り、放射状に6等分して(a)、芯と皮を切り落として台形にする(b)。

2　いちごをヘタを取って縦半分に切り、1にのせて竹串で貫き、キャンドルを作る(c)。

3　器にくり抜いたパイナップルの果肉を置き、キャンドル、ヘタつきのいちご2個分、キウイ、ブルーベリー3個をのせ、ミントの葉を飾る。まわりに残りのフルーツをのせる。

89

Fruits Styling | Chapter 3

リボンつきのダブルハンドバスケットと
フルーツフラワーで、
お祝いの気持ちを込めた
豪華なスタイリングです。

ワンダフルバースデー

【テクニック】フルーツカップ〔p.9〕、スライスカット〔p.10〕、スライドカット〔p.11〕、波切り〔p.13〕、フルーツフラワー〔p.28〕、ダブルハンドバスケット〔p.50〕

【材料】オレンジ（フルーツカップを3個、ダブルハンドバスケットを1個作る）…2個

キウイ（フルーツフラワーを3個作り、残りは縦半分にして4枚にスライスし、皮をむく）…2個

いちご（1個はヘタつきで波切りにする）…7個

【適した器】ラウンド、スクエアなどの平皿（和風のものでも）

【他のフルーツで】グレープフルーツなどのかんきつ類、さくらんぼ、ぶどう、ラズベリーなど

【作り方】

1 器の中央に、オレンジのフルーツカップ3個を三角形に配置する。

2 1の上にオレンジのバスケットをのせ、まわりにキウイのフルーツフラワー、ヘタつきのいちごを置く。

3 1、2に半月切りのキウイ、波切りのいちごを飾る。

memo
手軽に仕上げたいなら、オレンジは全部フルーツカップに、キウイのフルーツフラワーはスライスしたものを丸くまとめるだけにすると簡単です。

91

香りを楽しむワイングラスアレンジ

グラスアレンジ〔p.54〕同様、ワイングラスにフルーツを盛りつけても。
口が狭いワイングラスは香りがこもるので、相性のよいフルーツを
組み合わせて香りのマリアージュを楽しんでください。

【盛りつけのコツ】
香りが強いもの(レモンなど)を先に入れて、淡い香りや先に味わってほしいものなどを上部に入れ込むと、香りも味もバランスよく楽しめます。グラスにゆとりを持たせたほうがエレガント。異なるデザインのカットを組み合わせると、変化がついて華やかに見えます。仕上げにハーブを飾って。

【楽しみ方】

グラスにこもった香りを十分に堪能してから、フォークなどでいただきます。炭酸水を注いでフルーツドリンクにしたり、シャンパンやワインなどのアルコールと合わせたりしてもおいしいです。おもてなしやパーティなどにぜひどうぞ。

【相性のよい香りの組み合わせ】

いちご＋きんかん……深みのある甘い香り
もも＋レモン……心地よいさわやかな甘い香り
オレンジ＋ライム……すっきりフレッシュな香り
マンゴー＋レモン……南国らしい甘く濃厚な香り
メロン……独特の香りを味わうなら単体使いで

種の大きいフルーツの切り方

大きな種があるフルーツは、種をよけて左右を切り分けるとうまくいきます。
種の大きさは個体差があるので臨機応変に。

✻ マンゴー

厚みのないほうを立てて置き、ヘタの中心から左右約1cmのところにナイフを入れ、3つに切り分けます。種のまわりの果肉は、レモン果汁やオリーブオイルを加えてドレッシングにしても。

✻ もも

割れ目から左右約1cmのところにナイフを入れ、種にあたったらナイフを少し外側に向けて種沿いに3つに切り分けます。さらに種のまわりに残った果肉を切ります。

✻ もも（まわし切り）

ももを寝かせ、ナイフを斜め下に割れ目に入れ、種の下へ入り込ませたらそのまま半周切ります。反対側も同様に半周切り、種を取ります。マンゴーにも応用可能。

Fruits Styling

Chapter 4

手みやげにぴったりな
ギフトアレンジ

美しくスタイリングしたフルーツは
贈り物にも喜ばれます！
持ち運びやすく、見た目も崩れずキープする
裏ワザをぜひ試してみて。

Fruits Styling | Chapter 4

Gift Arrange

お弁当のデザートにもおすすめな
カップフルーツは活用度大。
すき間がないようにぎゅっと詰めるのが、
崩れ防止のポイントです。

カップアレンジ

スタイリング
アレンジ

一口大に切ったオレンジ、
ヘタを取り縦半分に切ったいちご、
ぶどう、ブルーベリーを
彩りよく盛って。
ピックを刺すと食べやすい！

【テクニック】スライスカット〔p.10〕、スライドカット〔p.11〕、型抜き〔p.14〕

【材 料 _ カップ2個分】

キウイ（幅1.5mmにスライスして皮をむき、4等分にする）… 1個
ぶどう（幅3mmにスライスする）… 緑2個
りんご（芯を取り、幅5mmのスライスを8枚作る。2枚は直径2.5cmの花型で2枚抜く）… 縦⅛個
ブルーベリー … 6個
ミントの葉 … 適宜

【容器】フタつきカップ（直径7×高さ5cm）

【ラッピング】リボン、シール

【作り方】

1. カップにキウイを入れ、スライスしたりんごを扇状に広げてカップの縁に立てて入れる。
2. すき間にぶどう、ブルーベリーを入れ、型抜きしたりんご、ミントの葉を飾る。フタをしてリボンをかけ、シールを貼る。

〈ギフトアレンジの基本ルール〉

1 持ち運びやすい容器を選ぶ

デザート用カップ、使い捨てタイプのオードブル皿、弁当箱、かご、ホーロー容器など。フタがない場合はOPPギフトバッグなどに入れる。食品対応でない容器は、フルーツに直接触れないように注意して。

2 揺らして崩れないか確認する

フタを閉める前に軽く揺らし、崩れないか確認を。すき間があればフルーツを足します。動きそうなフルーツは、ようじやピックを刺して固定しましょう。

3 保冷剤を入れる

カットしたフルーツが傷まないように変色防止〔p.20〕をしたうえで、長時間持ち歩くときは保冷剤を入れましょう。

memo
いくつかまとめて持ち運ぶときはケーキや紙トレーのボックスで。ひとつならOPPギフトバッグに入れても。

Fruits Styling | Chapter 4

丸プレート
アレンジ

立ち上がりのある丸皿は持ち運びやすく華やかなので、
持ち寄りパーティにおすすめです。

【テクニック】スライスカット〔p.10〕、スライドカット〔p.11〕、ピールフラワー〔p.52〕

【材料】

オレンジ（縦8等分のくし形に切って皮をむく）…1個

グレープフルーツ（縦6等分のくし形に切って皮をむく）
　…½個

ピンクグレープフルーツ（縦8等分のくし形に切って皮をむく）
　…1個

キウイ（横6等分にスライスして皮をむく）…縦½個

いちご（ヘタつきで縦半分に切る）…1個

きんかんの皮（ピールフラワーを作る）…1個分

【容器】パイ皿（直径18cm）

【ラッピング】OPP ギフトバッグ

【作り方】

1　器の縁に沿って、オレンジ、ピンクグレープフルーツを交互に放射状に置く。

2　1のすき間に重なるように、グレープフルーツ、キウイを交互に放射状に置く。

3　中央のくぼみに、いちご、きんかんの皮をのせる。

> **memo**
> 丸い器はフラットにすき間なく埋めて、上に重ねるフルーツをくぼみに入れ込むと崩れにくくなります。外で持ち歩くときは、ラップやOPP ギフトバッグなどでぴったり覆えばOK。

Fruits Styling | Chapter 4

【テクニック】フルーツカップ〔p.9〕、スライスカット〔p.10〕、パイナップルリング〔p.24〕、フルーツフラワー〔p.28〕、ピールフラワー〔p.52〕

【材料】パイナップル(パイナップルリングを作る)…横⅓個
オレンジ(フルーツフラワーを2個、フルーツカップを1個作る)…1と横½個
キウイ(皮をピールフラワーにしてから縦半分に切り、幅1cmにスライスする)…1個
いちご(ヘタつきで半分に切る)…7個
ブルーベリー…適量
パイナップルの葉(太さや長さの違う飾りを作る〔p.53〕)…5枚
ミントの葉…適宜

【容器】長方形オードブル皿(20×27cm)

【ラッピング】OPPギフトバッグ(36×45cm)、リボン、シール

【作り方】

1 器にパイナップルリングを置き、いちご、キウイ、ブルーベリーをのせ、すき間にパイナップルの葉をバランスよく差し込む。

2 オレンジを置き、すき間にキウイ、いちご、ピールフワラーをのせ、ミントの葉を飾る。

3 OPPギフトバッグに入れて口をたたんで閉じ、ねじったリボンと一緒にシールで留める。

スタイリングアレンジ

グレーのオーバル皿に入れればスタイリッシュなイメージに！

memo
高さのあるスタイリングの場合、フタが閉まらないのでOPPギフトバッグなどに入れましょう。

角トレーアレンジ①

手みやげにするときは、使い捨てできる
フタつきの容器が便利です。
フルーツフラワーを入れて
誕生日にプレゼントしてみては?

Fruits Styling | Chapter 4

角トレーアレンジ ②

フルーツをトレーに詰めるときは
大きいものから順に
位置を決めていくと、
彩りやバランスがよく仕上がります。

スタイリング
アレンジ

取り出して皿に盛りつけるときは
高さを出すときれいです。

【テクニック】 フルーツカップ〔p.9〕、スライスカット〔p.10〕、カップフルーツ〔p.42〕、ピールフラワー〔p.52〕

【材料】 デコポン(縦半分に切り、半分はフルーツカップを作る。もう半分は縦4等分のくし形に切る)…1個

日向夏(縦8等分のくし形に切り、カップフルーツと同様に皮を飾り切りする)…1個

オレンジ(皮をピールフラワーにしてから縦8等分のくし形に切り、白いワタを取る)…1個

いちご…2個

きんかん(幅2mmにスライスする)…1個

パイナップルの葉(幅5mmの飾りを5本作る〔p.53〕)…1枚

ミントの葉…適宜

【容器】 長方形オードブル皿(20×27cm)

【ラッピング】 リボン、シール、木製の使い捨てカトラリー

【作り方】

1. 器の右上に、デコポンのフルーツカップにきんかんのスライスをのせたものを置く。くし形のデコポンは器の左辺に沿うように放射状に並べる。

2. デコポンのフルーツカップのすき間や、くし形の上に日向夏をのせる。

3. 器の右下に、くし形のオレンジを置く。オレンジの横にいちごをのせ、オレンジのピールフラワー、パイナップルの葉、ミントの葉を飾る(a)。

4. フタを閉め、リボンを十字にかけてシールで留める。リボンのすき間にカトラリーを挟む。

a

memo
トレーに詰め終わったら、軽くゆすってみましょう。動いたところのすき間をフルーツで埋めると、きれいな状態で持ち運べます。

Fruits Styling | Chapter 4

高さや凹凸があったりする
特殊な形のアレンジメントは、
紙皿＆OPPギフトバッグを使って
ラッピングしましょう！

トールアレンジメント
ラッピング

【テクニック】スライスカット〔p.10〕、スライドカット〔p.11〕、型抜き〔p.14〕、ボーラー〔p.15〕、パイナップルリング〔p.24〕
【容器】防水コーティングされた丸紙皿(直径18cm)
【ラッピング】OPP ギフトバッグ(30×40cm)、テープ、リボン
【材料】高さがあるスタイリング(写真ではトロピカルサンタクロース〔p.76〕)

OPP ギフトバッグの縦一辺をはさみで切る。

1で切った辺を開き、アレンジメントをのせた紙皿をのせる。

切った辺にテープを貼って閉じる。

底辺の角を下に折り込み、テープを貼って留める。袋の上部を閉じてリボンで結ぶ。袋の側面を前後左右に引っ張り、ふくらませる。

スタイリングアレンジ

紙皿の代わりにプラスチック皿を使っても!

memo

紙皿が防水コーティングされていない場合は、下に防水シートを敷きましょう。薄くて折れやすい紙皿の場合は、2〜3枚重ねて使うと強度がアップします。持ち運ぶときは、マチが広くて高さのある手提げ袋を利用するのがおすすめです。

Fruits Styling | Chapter 4

きれいな色の不織布を
プラスすれば、まるでブーケみたい！
持ち運ぶときはケーキボックスに
入れてください。

ブーケ
ラッピング

スタイリング
アレンジ

両方の口をリボンで結ぶと、
キャンディータイプに。

【テクニック】スライスカット〔p.10〕、スライドカット〔p.11〕、波切り〔p.13〕、フルーツフラワー〔p.28〕

【容器】使い捨てのケーキ皿（6号）

【ラッピング】OPP ギフトバッグ※、不織布、リボン

※ブーケタイプは器より長さ15cm、幅10cm以上大きいものを。キャンディータイプは器より長さ30cm、幅10cm以上大きいものを用意しましょう。

【材料】オレンジ（横半分に切り、半分でフルーツフラワーを作る。もう半分は皮をむき、一口大に切る）…1個

キウイ（横半分に切り、半分でフルーツフラワーを作る。もう半分は皮をむき、一口大に切る）…1個

グレープフルーツ（フルーツフラワーを作る）…横½個

いちご（3個はヘタつきで波切り、2個はヘタを取って縦半分に切る）…9個

ぶどう（2個は波切りにする）…6個

ミントの葉…適宜

【作り方】

1 器の中央にフルーツフラワーを置き、すき間に一口大のフルーツ、いちご、ぶどうをバランスよく入れる。波切りのいちご、ぶどう、ミントの葉を飾る。

不織布の上にOPPギフトバッグを置き、バッグの底をリボンで結ぶ。

2に**1**を入れる。崩れないようケーキボックスなどに入れて、固定する。

Fruits Styling | Chapter 4

ピクニック ボックス

お花見や運動会など、アウトドアで
大勢集まるときにぴったり！
取り分けしやすいよう、
たくさんフルーツカップを入れました。

【テクニック】フルーツカップ〔p.9〕、スライスカット〔p.10〕、波切り〔p.13〕、型抜き〔p.14〕
【容器】ホーロー容器、お弁当箱、フタつき保存容器など
【ラッピング】ワックスペーパー、ペーパーコード、使い捨てカトラリー、シール

【材料】オレンジ(横半分に切り、フルーツカップにする)…3個
パイナップル(縦半分のくし形に切り、好みの幅にスライスする)…縦¼個分
マスカット(3個を波切りにする)…8個
デラウェア(はさみで6等分に切り分ける)…1房
いちご(3個は波切りに、3個はヘタを取って縦半分に切る)…6個
りんご(幅5mmのスライスを直径2.5cmのデイジー形に6枚抜く)…2枚
ミントの葉 … 適宜

【作り方】

1 器の両端に、オレンジのフルーツカップを入れる。縦中央を仕切るようにパイナップルを並べる。

2 1の上に、切っていないマスカット、デラウェア、半分に切ったいちご、型抜きしたりんごをのせる。

3 2のすき間に、波切りしたマスカット、いちごを入れ、ミントの葉を飾る。

4 3にフタをしてワックスペーパーをかぶせ、2本まとめたペーパーコードを十字にかけて結ぶ。フォークをペーパーコードでまとめて、シールで留める。

memo

ぎっしり詰めるのがコツ。外で食べるときには、前夜に作って冷蔵庫で容器ごと冷やしておき、当日は保冷剤と一緒に保冷バッグで持ち運ぶとおいしさが保てます。

Fruits Styling | Chapter 4

風流な竹すだれ箱を使ったアレンジ。
水に弱い容器のときでも
デザートカップに入れれば大丈夫！

竹すだれ箱
アレンジ

memo

高さが出てフタがしまらないときは、トールアレンジメントラッピング〔p.104〕と同様に、OPPギフトバッグで覆いましょう。不織布ではなく和紙を使うとシックなイメージに。

【テクニック】スライスカット〔p.10〕、波切り〔p.13〕、フルーツフラワー〔p.28〕、カップフルーツ〔p.42〕、ロールフラワー〔p.48〕、ピールフラワー〔p.52〕

【容器】竹すだれ箱(11×23cm)、カップ(直径6×高さ4cm)3個、(直径9×高さ4cm)1個

【ラッピング】和紙、OPPシート(25cm角)

【材料】オレンジ … 1個

キウイ(ロールフラワーにする) … ½個

日向夏またはレモン(皮をピールフラワーにしてから、横に幅5mmにスライスする) … 1個

いちご(ヘタつきで1個は波切りにし、2個は縦半分に切る。1個はヘタを取り、幅1mmにスライスする) … 4個

ぶどう … 緑4個

ブルーベリー(横半分に切る) … 1個

ミントの葉 … 適宜

【作り方】

1 オレンジは横半分に切って半分を2個のフルーツフラワーに、もう半分はくし形に切り、カップフルーツと同様に飾り切りしたもの2個と、皮をむき一口大にしたものを作る。フルーツフラワーはカップに入れて、中心にいちご、日向夏のスライスを入れ、それぞれにブルーベリーをのせる。

2 同様に、別のカップに日向夏のスライスを入れてフルーツフラワーを作り、中心にオレンジのスライスを入れる。

3 1、2と別のカップに一口大のオレンジを入れ、キウイのロールフラワー、くし形のオレンジ、いちごの波切りをのせる。

4 竹すだれ箱に、和紙→OPPシートの順に敷き(a)、1、2、3を置く。すき間に半分に切ったいちご、ぶどう、ピールフラワーを入れ、ミントの葉を飾る。

【テクニック】スライスカット〔p.10〕、型抜き〔p.14〕、波切り〔p.13〕、ロールフラワー〔p.48〕
【容器】フタつきの六つ目かご(直径20×6cm)、カップ(直径5.5×高さ5cm)4個
【ラッピング】箸マット(※箸を置くための長方形の紙)、和紙

竹製の六つ目かごは、和食器店や和雑貨店、フードパッケージショップなどで手に入ります。箸マットは、種類の多いネットショップや箸専門店がおすすめ。

【材料】キウイ(ロールフラワーにする)…1個
いちご(1個はヘタを取り横5枚にジグザグにスライスし、3個はヘタを取り桜形に切る〔p.84〕)…6個
りんご(芯を取り、幅1mmのスライスを14枚作る。1枚は皮を残して小さな花びら形にする。幅5mmのスライス1枚を直径3cmの桜形に抜く)…½個
ブルーベリー…2個
ぶどう(2個は横半分に切り、1個は波切りにする)…3個
ミントの葉…適宜

【作り方】

1. カップにキウイのロールフラワーを入れる。別のカップに、半分に切ったぶどうを入れ、いちごのスライスを放射状に広げて入れる。両方のカップとも、中央にブルーベリーをのせる。

2. 別のカップにりんごのスライスを花びらのように重ねて入れる。残りのカップにカットしたいちご、型抜きしたりんご、花びら形のりんごを入れる。

3. 竹かごに箸マットを敷き、1、2を置く。

4. ヘタつきのいちごを和紙でくるんですき間に入れ、カップにミントの葉を飾る。

memo
写真の容器は脚つきの「ミニワインカップ」。容器の高さをかごの高さに合わせると、持ち運んでも動きづらくなります。保冷剤はかごのすき間に入れて。和風のリボンをかけて、手みやげにしても喜ばれます。

雰囲気のある竹かごに
小さなカップフルーツを入れて。
持ち運ぶなら、フタつきのかごが
便利でおしゃれです。

竹かごアレンジ

Fruits Styling | Chapter 4

バスケットアレンジ

ワックスペーパーを敷いた
バスケットに盛ると、和風なイメージに。
果汁が出にくいものを組み合わせれば、
持ち歩くのにも便利です。

memo
フルーツカップが動かないよう、すき間をしっかり埋めるのがポイント。果汁が気になるときは、ワックスペーパーの上にOPPシートを重ねましょう。

【テクニック】フルーツカップ〔p.9〕、スライスカット〔p.10〕、ペン持ちカット〔p.12〕、波切り〔p.13〕、型抜き〔p.14〕

【容器】持ち手つきの六つ目バスケット（13×22cm）

【ラッピング】ワックスペーパー、OPPシート（25cm角）、ようじ

【材料】かき…2個

　　　　キウイ（波切りにする）…1個

　　　　りんご（幅5mmのスライス2枚を好みの型で抜く。残りは幅3mmにスライスする）
　　　　　…縦¼個

　　　　ぶどう（軸をつけたまま数個ずつはさみで切り分ける。1個は横半分に切る）…10個

　　　　プルーン…2個

　　　　いちじく…1個

【作り方】

1 かきはそれぞれヘタを取り、横にして幅5mmのスライスを作り、1枚はもみじ形に、1枚は好みの型で抜く。残りはフルーツカップにする。1個の果肉は縦半分に切り、幅5mmにスライスする。もう1個は一口大に切り、それぞれカップに盛る。

2 バスケットにワックスペーパーを敷き、かきのフルーツカップとキウイの波切りを置く。長時間持ち歩くときは、ワックスペーパーの下に保冷剤を入れる。

3 すき間にぶどう、プルーン、いちじくを入れる。型抜きしたかきとりんごをようじの頭に刺し(a)、盛りつけたフルーツが動いたり倒れたりしないように、ようじで固定する。

4 3のバスケットをOPPシートで覆い、持ち手の付け根と側面を数ヶ所テープで留める。マスキングテープなどを使うとかわいい(b)。

残ったフルーツの保存方法

フルーツは常温でも冷蔵でもどんどん鮮度が落ちるので、
新鮮なうちに使い切りましょう。保存するときはこんな方法でも。

【保存方法】
断面が空気に触れないよう、ラップをして冷蔵庫で保存します。

カットフルーツや、すぐに食べないものはChapter 5のフルーツポンチやスープ、ソースに使ってみましょう。冷凍する場合は、皮をむいて冷凍用のジッパーつき保存袋などに入れて。半解凍でシャーベットのように食べたり、フルーツをブレンドしてスムージーやジュースにしたりしてもおいしいです。

Fruits Styling

Chapter 5

フルーツで作る
人気のレシピ

カットで残ったフルーツは、
おいしくムダなく使い切りましょう。
デザートだけでなく、
料理やソースに使うのも新鮮です。

見た目も味も楽しめる
フルーツドリンク

フルーツの自然な風味が
さわやかなドリンク。
ほのかな香りや甘みが
ポイントです。

Recipes

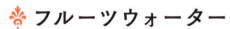

フルーツウォーター
ほんのりフルーツフレーバーでさっぱりと

【材料＿カップ4杯分】

オレンジ、キウイ(好みの幅にスライスする) … 各横½個
レモン(好みの幅にスライスする) … 横⅓個
いちご(好みの幅にスライスする) … 1個
ミントの葉 … 適宜

【作り方】

ピッチャーなどの容器に、飾り用以外のフルーツとミントの葉を入れて水800mlを加え、冷蔵庫で2〜3時間ほど冷やす。飾り用フルーツ(オレンジ、レモン、いちごのスライス各1枚)を入れたカップに注ぎ、ミントを飾る。

> **memo**
> 急ぐときは氷で冷やしてもいいですが、時間をかけて風味を抽出するほうがおすすめです。フルーツはカットしたときの切れ端や皮でOK。ただし、グレープフルーツやライムの皮は苦味が出やすいので、避けたほうが無難です。

❋ フルーツカクテル

市販のシロップでノンアルコールカクテル風に

【材料 _ カップ4杯分】

・オレンジ&いちご

オレンジ(幅5mmにスライスし、2枚は2等分して飾り用に使う)… 横⅓個
いちご(幅5mmにスライスする)… 2個
エルダーフラワーコーディアル … 60ml
ミントの葉 … 適宜

・パイナップル&レモン

パイナップル(飾り用に幅1cmのスライスを4枚作り、残りは皮を除き幅2mmにスライスする)… 縦⅛個
レモン(幅2mmにスライスする)… 横⅓個
パッションフルーツシロップ … 60ml
ミントの葉 … 適宜

【作り方】

◎ホットの場合

耐熱性のポットなどに、飾り用以外のフルーツとミントの葉を入れ、熱湯600mlを加える。コーディアルで味を調えて3〜4分おき、飾り用のフルーツ(写真)を入れたカップに注ぐ。

◎アイスの場合

耐熱性のピッチャーなどに飾り用以外のフルーツとミントの葉を入れ、熱湯150mlを加えて3〜4分おく。水450mlを加え、シロップで味を調えて冷蔵庫で2〜3時間ほど冷やす。飾り用のフルーツ(写真)を入れたカップに注ぐ。
※急ぐときは水の量を減らして、氷を入れてもOK。

memo

パッションフルーツシロップは、全体の味をまとめてくれます。パイナップル、オレンジ、いちご、レモン、ライムなどと好相性。コーディアルとはハーブやフルーツを漬け込んだシロップで、エルダーフラワーはマスカットのようなすっきりした味わい。きんかんなどのかんきつ類、いちごなどとよく合います。

余った果肉で フルーツソース&サラダ

フルーツのおいしさが凝縮したソースで、新しい味を体験して。
デザート系のサラダと、食事系のサラダを紹介します。

❋ オレンジバターソース

温めて使うとおいしい、コクのある甘いソースです。

【材料_2〜3人分】
オレンジの絞り汁 … 50㎖
オレンジの皮(すりおろし) … 1/3個分
グラニュー糖 … 20g
バター … 10g
お好みのリキュール … 10㎖

【作り方】
1 鍋にオレンジの絞り汁と皮、グラニュー糖、バターを入れて弱火にかける。
2 砂糖、バターが溶けたらリキュールを入れて混ぜる。

<サラダにするなら>
皿に好みのカットフルーツ(オレンジ、キウイ、バナナ、いちごなどがおすすめ)を入れてソースをかけ、ミントの葉を飾る。カットフルーツは電子レンジ600Wで20秒ほど温めれば、ホットフルーツサラダに。

memo
リキュールは、オレンジやりんご、さくらんぼなど、ソースにするフルーツ由来のものを使うと、より風味が引き立ちます。果汁はりんごやレモン、ゆずなどでも。レモンなど酸味の強いものは、少なめにして水で薄めましょう。皮はレモン、ゆずもおすすめです。

❋ 赤いドレッシングソース

いちごの甘みと酸味を生かした赤いソース。

【材料＿2〜3人分】
いちご(3mm角に切る)…1個
ライムの絞り汁…1/4個分
オリーブオイル…大さじ1
ディル(細かく刻む)…小さじ2
塩、こしょう…各ひとつまみ

【作り方】
ボウルにすべての材料を入れ、混ぜ合わせる。

<サラダにするなら>
器に好みのカットフルーツ(りんご、キウイなど)を入れてソースをかけ、くし形やスライスにしたライム、ディルを飾る。

memo
赤い色味でクリスマスにもおすすめ。
豚肉のソテーなどにも合います。

Fruits Styling | Chapter 5

おもてなしにも喜ばれる
フルーツスープ

デザートはもちろん、
食事にも合います。
作り方は一緒でも、
フルーツの品種によって
味が変わります。

❋ メロンの冷たいスープ

しょうがをきかせた夏向きのさわやかなスープ。

【材料 _2人分】

メロン(皮をむき、一口大に切る)… 縦¼個

A ┌ レモンの絞り汁 … ¼個分
  │ バルサミコ酢 … 小さじ1
  └ 塩、こしょう … 各ひとつまみ

しょうが(すりおろす)… 小さじ1

【作り方】

ミキサーにメロンを入れて攪拌(かくはん)する。ピューレ状になったらAを加えてさらに攪拌し、冷蔵庫で1〜2時間冷やす。カップに注いでしょうがをのせる。

memo
メロンは果肉が赤いものでもおいしいです。

完熟かきのスープ

温めても、冷たくしてもおいしいスープです。

【材料 _ 2人分】

A ┌ かき（皮をむき、一口大に切る）… 2〜3個
　├ ライムの絞り汁 … ½個分
　└ 塩、こしょう … 各ひとつまみ
生クリーム … 大さじ1

【作り方】

ミキサーにAを入れて撹拌する。ピューレ状になったら生クリームを加えてさっと混ぜ、電子レンジで温める（または冷蔵庫で1〜2時間冷やす）。好みで粗びき黒こしょう適宜（分量外）を加える。

memo
完熟した富有がきを使うのがおすすめ。生クリームなしでもさっぱりおいしくいただけます。

Fruits Styling | Chapter 5

宝石箱みたいな
フルーツゼリー

お好みのフルーツを容器に入れて、
透明のゼリーで固めるだけ！
側面がきれいに見えるよう
切り方や色合わせを工夫しましょう。

memo
透明度の高いアガーでフルーツの色を生かします。さくらんぼにはキルシュ、オレンジにはグランマニエなど、具のフルーツで作ったリキュールを合わせてみて。アガーは沸騰させて溶かすと固まりにくくなることがあるので、沸騰直前に火を止めて加えます。

❀ ベリーゼリー

【材料】
・ゼリー液
（作りやすい量・170mlの容器4個分）
アガー … 8g
グラニュー糖 … 30g
お好みのリキュール … 5ml
・フルーツ（170mlの容器2個分）
いちご（作り方2参照）… 8個
ぶどう（2個は波切り、残りは好みの幅
にスライスする）
　　… 赤4個
ブルーベリー … 10個
ミントの葉 … 適宜

【作り方】

1 ゼリー液を作る。鍋に水300mlを入れて火にかけ、沸騰直前で火を止める。アガーとグラニュー糖を合わせたものを加えて1分ほどよく混ぜて溶かし、リキュールを加えて粗熱をとる。

2 いちごはすべてヘタを取り、4個は縦4等分、2個は縦半分に切る。1個は幅5mmにスライスし、1個は縦十文字に切り込みを入れる。

3 容器の四隅に、縦4等分のいちごを入れる。容器の側面に縦半分のいちごを断面が見えるよう入れ、すき間に4等分のいちご、ブルーベリーを加える。さらに残りのフルーツをのせる。**1**を流し入れて冷蔵庫で1時間以上冷やし、ミントの葉を飾る。

❀ かんきつ類のゼリー

【材料】
・ゼリー液
（作りやすい量・170mlの容器4個分）
ベリーゼリーと同じ
・フルーツ（170mlの容器2個分）
キウイ（6等分にスライスし、皮をむく）
　　… 縦½個
オレンジ（作り方2参照）… 縦½個
きんかん（幅2mmのスライスを6枚作る）
　　… 1個
ぶどう（波切りにする）… 緑1個
ミントの葉 … 適宜

【作り方】

1 ベリーゼリーと同様にゼリー液を作る。

2 オレンジは縦半分に切り、半分は皮をむいてくし形を2個作る。もう半分は皮つきで幅5mmのスライスを4枚作り、残りは皮をむいて一口大に切る

3 容器にキウイ、くし形と一口大のオレンジを入れ、その上にスライスしたオレンジときんかん、ぶどうをのせる。**1**を流し入れて冷蔵庫で1時間以上冷やし、ミントの葉を飾る。

Fruits Styling | Chapter 5

手みやげにもおすすめの
フルーツポンチ

色がきれいなまま保存できるフルーツポンチは、
ギフトにもぴったり！ 炭酸水で割るのもおすすめ。

✤ カラフルポンチ（写真左）

【材料 _ 2～3人分】
・**シロップ**（作りやすい量・500mlの容器2個分）
グラニュー糖 … 65g
お好みのリキュール … 10ml
・**フルーツ**（500mlの容器1個分）
オレンジ（皮つきのまま幅3mmのスライスを3枚作り、残りは皮をむいて一口大に
　　　　切る）… 1個
キウイ（皮をむいて幅1cmのスライスを2枚作り、残りは一口大に切る）… 1個
レモン（皮つきのまま幅3mmにスライスする）… 縦¼個
パイナップル（一口大に切る）… ¹⁄₁₆個
いちご … 5個

【作り方】

1 シロップを作る。耐熱性の保存容器に熱湯400mlとグラニュー糖を入れて溶かし、リキュールを加えて粗熱をとる。

2 カットしたフルーツを入れ、冷蔵庫で一晩冷やす。

✤ ドットポンチ（写真右）

【材料 _ 2～3人分】
・**シロップ**（作りやすい量・500mlの容器2個分）
カラフルポンチと同じ
・**フルーツ**（500mlの容器1個分）
小玉すいか（直径3cmのボーラーで丸くくり抜く）… 縦¼個
レモン（皮つきのまま幅3mmのスライスにする）… 横½個
ぶどう … 8個

【作り方】
カラフルポンチのフルーツを替えて、同様に作る。

memo
作った翌日以降のほうが、味がなじんでおいしくなります。冷蔵庫で3～4日保存可能。100円ショップなどで購入できる、フタつきのジャーを使うと便利です。

切って、盛って、手みやげにもなる
すてきなフルーツスタイリング

Misako Suzuki

フルーツスタイリング&アレンジメント デザイナー。フルーツスタイリング教室【COLORFUL FRUITS】を主宰。2012年、フードスタイリストスクールで見た写真をきっかけに、フルーツカッティング教室で基本を習得。その後、都内の有名果物店にてジュースレシピ開発やギフトアレンジメント制作に従事し、フルーツの知識やスキルを高める。2016年より少人数制で日常的にフルーツを楽しめるレッスンを開始。全国や海外からも続々と受講者が集まる人気の教室となり、フルーツスタイリングの第一人者に。技術を仕事に生かしたいというプロフェッショナルの育成にも力を注いでいる。

ブログ「フルーツ香る暮らしをたのしむ」
　　https://ameblo.jp/c-fruits
インスタグラム @colorfulfruits
　　https://www.instagram.com/colorfulfruits/

撮影・スタイリング　Misako Suzuki
デザイン　鳥沢智沙 (sunshine bird graphic)
校正　株式会社円水社
取材・文　斎木佳央里
編集　石川奈都子

発行日　2019年11月20日　初版第1刷発行

著　者　Misako Suzuki
発行者　竹間 勉
発　行　株式会社世界文化社
　　　　〒102-8187　東京都千代田区九段北4-2-29
　　　　☎ 03-3262-5118(編集部)
　　　　☎ 03-3262-5115(販売部)

印刷・製本　凸版印刷株式会社

© Misako Suzuki, 2019. Printed in Japan
ISBN 978-4-418-19329-5

無断転載・複写を禁じます。
定価はカバーに表示してあります。
落丁・乱丁のある場合はお取り替えいたします。